JN409257

비탈 동인 제5집

풍장

도서출판 **채운재**

책을 내며

이문성

가장 큰 적인 나 자신을 바로 보기 위해
길 없는 길을 걸어가는 긴 여정에
함께 가는 사람들이 있어 좋다
밤을 밀어내며 말없이 새벽은 오는데
우리는 어디쯤 와있고 어디를 보고 있는지
좋은 시 한 편 쓰고 싶은 꿈은
꿈으로만 남진 않을는지
남은 시간은 봄볕처럼 짧게 지나가는데
그 약속한 시간 속에서 무던한 마음으로
한 걸음 한 걸음 가다보면
언제고 좋은 시 한 편
번쩍 눈 뜨리라
우리는 묵묵히 길 없는 길을 걸어간다.

비탈동인 제5집

참여 시인

고선희

김준한

박승수

서경식

우명숙

이문성

임영만

최정룡

차례

詩 동인 "비탈"

1986. 12. 21	결성
1987. 01. 17-19	카톨릭센타 첫 번째 시전
1987. 09. 25-27	카톨릭센타 두 번째 시전
1988. 01. 30	비탈 1집 「서로 등이 되어」 출판 및 시낭송회
1988. 09. 09-11	카톨릭센타 세 번째 시전
1989. 02. 18	비탈 2집 「신화의 땅」 출판 및 시낭송회
1990. 02. 02	비탈 3집 「늪지일기」 출판
1988. 02. 02-04	카톨릭센타 네 번째 시전
1991. 12. 13-15	카톨릭센타 다섯 번째 시전
1999. 02. 05-07	카톨릭센타 여섯 번째 시전
2006. 04. 22	비탈 4집 「다시 이 자리에」 출판
2010. 05. 31	결성 25년 현재 8인 활동 중

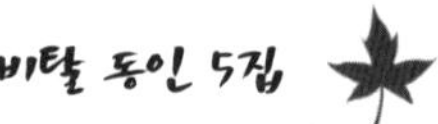

■ 시인 고선희

- 우리의 길은 멀고
- 외사랑
- 약속의 땅
- 부활의 노래
- 목련꽃
- 새벽 바다로 가라
- 분꽃
- 깃발
- 산곡에 단풍은
- 오, 다시 푸른 아침

1962년 인천 출생
2006년 〈현대시선 〉시로 등단
현대시선 봄호 우수작품상 수상
2007년 KBS 방송 시
동아방송 라이프TV 방송 시 외, 시집 다수 공저
현대시선 사무국장
설악문우회 회원 갈뫼 시동인
옛정시낭송회 회원
비탈 동인
e__mail : gsunhee62@hanmail.net

▷ 프롤로그 :
벽과 침묵의 경계를 나르는
저 하얀 순수
해이를 기다리는 눈빛 하나
생성의 축복임을 안다.
서둘러 나서야 할
우리의 마음 이렇게 가까운데
「우리의 길은 멀고」 중에서

우리의 길은 멀고

고선희

눈 내리는 밤
잘라내지 못한 꿈이나
날 선 말들의 상처 따위가
일제히 일어서는 불면의 숲

어둠을 뚫고 터져 나오는
허물을 본다
나를 벗고 너를 덧칠해
다시 태어나고픈 시간

벽과 침묵의 경계를 나르는
저 하얀 순수
해이(解弛)를 기다리는 눈빛 하나
생성(生成)의 축복임을 안다

서둘러 나서야 할
우리의 마음 이렇게 가까운데.

외사랑

미칠 것만 같다
그의 눈빛은
나의 말문을 봉쇄했고
나의 심장은 재가 됐다

미시령 굽이굽이 널 찾는다
한 잎 진 골 어디에도 너는 없고
한동안 바람만 인다

재가 된 심장 부활을 위하여
동면에 든다
물오르고 깨어날 즈음
봄일거야

분주히 싹 내고
수런수런 수풀 키 재는
눈 시리게 푸른 날
상처 위에

약속의 땅

거기
언 땅을 뚫고 우우,
푸른 눈동자여
하늘빛 같은
거짓 없는 향기로
꿈 어우른 약속인가

톡톡,
꽃잎 터지는
저 연둣빛 생명의 소리
시작도 끝도
세월도 알 수 없이
투명한 연주 오르는데

지금은
햇살이 포개지고
희망으로 눈부실 때
지금, 지금은
우리가 가슴을 열고
새순처럼 현현할 때.

부활의 노래

숲이어도
숲이 아닌
크고 작은 그루터기들

언제쯤
화사한 꿈 위로 햇살 반짝여
저 꺾인 관절 마디 자유롭게
푸른 정신 다시 돋는가

언제쯤이면
이슬 투명한 그리움으로 만나
버려진 아픔 아물겠는가

그날의 부패로 상심한
숨죽인 나무여 모두 일어나라

이젠 그만
동토(凍土)의 긴 잠에서 다시 깨어나
늑대의 푸른 갈기를 헤치고

끝내는
우리 함께 우뚝 서야 할
부활의 땅! 푸른 기백이여.

목련꽃

나 언제 누구에게 속 한 번 내줬던가
새소리 바람 소리 뼛속에 움을 틔워
속부터 피워올리는 저 고요의 울림들.

백주에 발가벗은 근원을 묻지 마라.
양극을 휘돌아 온 신생의 들녘에서
한 송이 환한 꿈으로 피워야만 했기에

자유를 사랑하고 바람을 사랑 한 죄
짧은 생 저 하얀 넋 분분히 흩어지네
슬프다. 눈물겹구나 학발처럼 지는가.

새벽 바다로 가라

희망이 주저앉는 날에는
새벽 바다로 가라
어슴한 허공
붉은 여명이 길을 내고
새날을 물고 와
희망의 빛 뿌리는 수평선 넘어
무장을 해제하는 바다
후끈하지 않은가
세상이
불공평하다고 생각될 때는
새벽 바다로 가자
빛과 소금의 아라성
광활하게 펼쳐진 나라
자줏빛 환희가 불끈 솟는
아 자연은 우리에게 너무도
공평하지 않은가!

분꽃

세상 모든
아름다움에 간지러운
오감을 펼치고
경계 밖 그리움은
바람이 이르는 곳으로
나즈막이 몸 뉘이며
더러는 흔들리다가,
만삭을
더는 어찌 못해
거뭇거뭇 살 트는데
고요의 미명(未明) 아래
이슬로 내림은
당신의 눈물인가요
달무리 곱게 익어가고
별들의 밀어가
분분히 내려앉는 밤
곱게 분단장하고
끓는 마음 다 태워
오직 숙숙(肅肅)한 사리로
봉해야만 하는
작은 이름 기억하나요.

깃발

기백으로 열리던 하늘이여
진혼의 하얀 눈물은
붉은 함성으로 오릅니다

유언을 망각한 황망함을
어쩌지 못해
피 섬 바다 빛으로
잦은 기침 쿨렁이시던
그대의 시대

상사 이별의 넋마저
자유롭지 못해
땅속에 들어 향기로 발효된
아름다운 꽃 뿌리여
그대 서러워 마오

자주독립 울부짖던
광활한 투쟁의 역사
한 민족의
저 위대한 깃발 향하여
바람이 부는 언덕에 꽃 되어
나 또한 돌아가리오

山谷에 단풍은

오를수록 비틀거리고
꼿꼿이 목을 세울수록
위태로워

인연의 끈 끊어내듯
뚝뚝 떨구고 싶던
가지가지

벼랑 끝 곱게 내리는
저 붉은 속 정(情)의 처연함을
알듯도 싶어

깊이,
깊이 뿌리 들면
먼먼 우리
영원으로 만나질까

오, 다시 푸른 아침

거기,
거기 깊은 심연(深淵)

안으로,
안으로 둥글게 말아
차라리 바위가 된

깊은 밤
새벽을 부르는
신음의 앓는 소리

쓸쓸히 흩뿌린
수척한 별 무리 속
붉은 눈물별 하나

저기,
저 자줏빛 환희(歡喜) 그 빛
나의 안태(安泰) 고향

오, 다시 푸른 아침

■ 시인 **김준한**

- 길
- 아기와 아빠
- 가을 민들레
- 아스팔트와 풀
- 쇼, 씨
- 해우
- 봄이 풀풀
- 빈 집

1964년 강원 원주 출생
원주 진광고등학교 재직
비탈 동인
e__mail : dongine@hanmail.net

▷ 프롤로그 :

시답잖은 시를 써 놓고 보니
정말 시답잖다.
나란 놈이 그 안에 들어앉아 있긴 한가
한 잔 술이 그립다.

길

김준한

한 농부가
소를 몰고
길을 갑니다.

아니
아니

한 소가
농부를 끌고
길을 갑니다.

아기와 아빠

아기가
잠에서 깨
아빠에게
물었습니다.

"아빠, 귀신 이겨?"
"응!"
"응 아빠, 도깨비도 이겨?"
"그럼!"
"그럼 아빠, 번개도 이겨?"
"암!"

그 후 아기는
불을 꺼도
번개가 쳐도
잠을 잘잡니다.

가을 민들레

햇살 따순 가을이었다.
우리 학교 담벼락 밑에
달콤한 낮잠에 빠져 있는
민들레 한 놈이 목격되었다.
나는 이놈을 놈이라 부른다.
교화도 아닌 놈이 남의 학교
햇살 한 자락 떡 차지하고는
노란 봄을 꿈꾸고 있기 때문이다.
참고로 우리 학교 교화는 개나리다.
그런데 이놈, 실로 느긋하여
소리를 질러도 메아리가 없다.
혹시 놈이 꾸는 꿈은
하얀 날갯짓일지도 모르겠다.

바람은 회오리로 휘파람 불고
햇살은 끊임없이 오락가락 한다.

아스팔트와 풀

확 트인 시야,
숨이 막힐 듯 미끈한 몸매,
견고한 바닥,
한 치의 틈도 허용치 않는 치밀,
쾌속의 발걸음,
………,
보라, 오호라,
지금 우리에게 필요한 건,
스피드, 스피이드,
오호, 눈부신 꿈이여,
오호, 옳아, 오라,
오라, 받으라,

왜,
아스팔트에는 풀이 살지 않네.

쇼, 씨

쇼, 씨
쇼, 씨
쇼, 쇼, 쇼, 씨
쇼, 쇼, 쇼, 쇼, 쇼, 씨

매미가
숲 속에서
떼 지어
버라이어티 쇼를 한다.

그 푸른 쇼에
내 둔한 청각도
스트레스로
퍼렇게 멍이 들었다.

쇼, 씨
쇼, 씨
쇼, 쇼, 쇼, 씨
쇼, 쇼, 쇼, 쇼, 쇼, 씨

해우(解憂)

변기에 앉아
끙끙,
해우를 하는데

거미 한 마리가
천장에서 외줄을 타고 내려와
안빈낙도를 합니다.

장난처럼
해해해 하며
해, 해, 너도 해, 합니다.

대롱대롱
곡예입니다.
참 기막힌 노릇입니다.

바깥에선 빗소리가 내리고
잠은 안 올 것이고
그래서, 우가 주룩주룩 쌓이고

아, 나의 해우는
뚫어 펑의 큰 박수가
펑펑펑 필요합니다.

봄이 풀풀

노점에 봄이 잔뜩 널려 있어
달래 냉이 씀바귀를 샀다.

할머니 손등 주름에서
달디쓴 봄이 풀풀 날아 왔다.

좁쌀 한 봉지도 샀다.
덤이 한 줌 더 얹어 왔다.

햇볕처럼 누런 좁쌀에선
쓰디단 풀냄새가 풀풀 났다.

빈 집

빈 집이 있다.
낡은 거미줄이 있다.
햇살이 빼곰히 고개를 디밀기도 한다.
살금, 고양이인지 개인지 발자국도 있다.
바람은 마구 헝클어져 잡풀을 흔든다.

그리고
그래서
그러나

그 안에 내가 있다.

빈 집은 빈 집이었고
빈 집이 아니었고
빈 집이고
빈 집이 아니다.

■ 시인 **박승수**

- 기상의 조건
- 39번 국도
- 기억상실
- 아버지
- 주정뱅이
- 남겨진 장작
- 금
- 하이패스
- 수
- 순대국밥
- 그리움 묻기

1967년 강원 원주 출생
메디키네틱스(주) 재직
비탈 동인
e__mail : pssfree@naver.com

▷ 프롤로그 :

내딛는 걸음이 부끄럽지 않도록 돌아보고,
물어보며 간다.
늘 그만큼의 미련을 틀어쥐고
순간순간 변명하는 같은 모습이라도
다독이며 낯설게 가야한다.

기상의 조건

박승수

거꾸로 치켜들고
툭툭 털면
바닥에 나뒹굴며
선택을 꼬나보는 긴장으로

어둑한 새벽을
고되게 그물질하는
늙은 닭의 외침으로

꾸역꾸역 씹어 삼킨
탕수육과 몸섞은 이과두주의
울렁대는 반란으로

가끔
커튼을 젖이고
버려진 구석 찾아 쏟아져 들어오는
햇살의 묵직한 눈부심으로

39번 국도

송라 나들목 고갯길
브레이크 등으로 벌겋게 늘어선
출근차량 앞을 막고
포크레인 한 대
덩치 큰 바퀴로 뒤뚱대며
새벽을 잘라먹는다.

몸 단 자동차들
움찔움찔 비켜서며 빵빵대지만
바가지 야무지게 접고
새벽을 오르는 고단한 이유와
익숙해진 미안함을
비상등으로 알려온다.

너나 나나
가슴에 박힌 가여운 눈동자에 떠밀려
선택할 수 없는 시간을
알람시계에 걸어두고
팽개친 슬픔의 턱에 걸려 쩔쩔매면서
위로의 말 건네지 못할망정
제발
번쩍번쩍 부라리며
대거리 좀 하지마라.

기억상실

과하게 술 마신 다음날
눈을 뜨면
함께한 시간만큼 나를 닮아
적당히 상처입고 너부러진 휴대폰 주워
습관처럼 통화버튼 누르고
벌써 몇 년째 눈에서 지워내지 못한 번호 찾아
첫 잔 부딪히던 시간까지 천천히 내려간다.

풀어내고 싶지 않은 그리움의 실마리가
뒤엉킨 모순으로 남았다가
꿰맞춰져
순서대로 억눌릴 때마다
지금은 없는 사랑이라 대답하지만

위험한 불씨 살아날까 두려워
진저리쳐지는
망할놈에 기억을 상실하고 말겠다.

아버지

새벽 오면
날개 달고 깨어나
동트기 전
바람보다 먼저 만난다.

주정뱅이

환하게 눈을 뜨니
손등에 두 줄
눈 옆엔 길고 가늘게
귀 쪽으로 한 줄 그어져있다.

지근거리는 머리
도리도리 흔들어 봐도
가슴 중간쯤은
지난밤 여운으로 아직도 뜨끈한데
남겨진 상처가 아리송하다.

술에 취해
쏟아지는 별빛 주우러 가다
풀섶에 뒹굴었는지
배설의 쾌감에 부르르 떨다
나뭇가지 휘청 끌어안았는지
믿고 싶지 않은 고백에 약올라
냅다 헛발질 해대다
도랑에 처박혔는지

아니 아니다

귓구멍 뚫고 나와
베갯잇에 스며들다 멈춰서는
띄엄띄엄 달려들던
붉은 피 흥건한 말(言)에 베어
이리도 저미게 아린걸게다.

남겨진 장작

파르스름 독기 품고
벌겋게 이글거리다
한 줌 재로 돌아가야 하거늘

아궁이도 없는 집
헛간 흙벽에 기대서서
검게 말라간다.

듬성듬성 톱질하고
결대로 쪼개서는
손수레에 싣고 온 그분
장사 때 데려간다 하더니만

기별도 없이
산속에 터 잡아
훌쩍 떠나버리고

그분 아는 텃밭과
험담하며
비를 맞는다.

금

고속도로 달리다
뜬금없이 날아든 돌에 얻어맞아
앞 유리에 생긴 작은 상처가
날마다 조금씩
금을 긋는다.

놀라긴 했어도
대수롭지 않았는데
어느새
끄트머리가 시야를 벗어나
구석까지 달아난다.

굵은 빗줄기
그어진 틈새로 스며든 것도
봄내 묻은 새벽공기
비집고 들어와
가슴을 후벼 판 것도 아닌데

헤드라이트 비춰진 아스팔트에
기다랗게 드러누워
실눈 뜨고 빤히 쳐다보는 널
립스틱으로
쭈욱
문대고 싶다.

하이패스

20km이내 출퇴근에 한해 유세하듯 할인하고
인건비 해고에 관한 광고지만
지상을 향한 화살표 위에 커다란 활자로 못 박혔음으로
그분이 하늘에서
자투리 꿈마저
등록된 주민번호로 알아보도록
발가벗은 당신을 양지바른 정수리에 부착해야
좌측
파란실선으로 베푸신 은혜를 이용할 수 있습니다.

키 맞춰 뽑아내면
자투리 꿈이 자유 얻어
영혼의 안식처로 도피가 가능한 나머지 통로는
느림의 죄 값으로 영원히 폐쇄될 것입니다.
지금이라도 발가벗은 당신을 은혜의 전리품으로
쭈뼛한 정수리에 내리꽂아 그분을 간증하십시오.
파란색 실선과
파랑 네온사인 번쩍이는 개선문을
고속으로 통과하도록 허락하겠습니다.

삽입을 깜박한 나체주의자들에 의해 발생하는

빈번한 사망사고가
30km를 훌쩍 넘긴 속도와
연봉보호를 위해 내리시는 그분의 성스러운
손 때문이 분명하다 해도
당신은 문명의 신속함을 은혜 받아 마땅하기에
파란색 실선과 안전봉으로 보호하고
파랑 네온사인 번쩍이는 늘어난 개선문에서
여전히 속도는 자유입니다.

선불이건 후불이건
자투리 꿈마저 온전하게 그분이 관리하도록
발가벗은 몸뚱이를 정수리에 견고하게 부착하고
은혜를 안녕으로 통과하기 위해서는
반드시 등기로 배달된 인식표를 삽입하십시오.

수

여기저기
이것저것
닥치는 대로 헤아린다.

몇 개인지
몇 번짼지
손에 쥔 나를 세어본다.

순서를 알아낼 수도
과거를 들춰낼 수도

오늘은 몇이지?

허겁지겁
헤아린 수까지
또
세어본다.

순대국밥

야윈 바람
울적한 소식 묻혀오는 날
얄팍해진 주머니가
술 사달라 퇴근길 붙잡으면
순대국밥을 먹는다.

순대보다 내장이 많은데도
순대국밥인 이유는 묻지 말고
별거하던 찹쌀과 숙주 합방시킨
선지의 노고와
이들에게 몸 내주고
퍼붓는 주독(酒毒) 달래가며
베인 가슴 보듬는
돼지창자의 헌신을 기억하자.

가슴이 아려
옛날식 소주가 싱거운 날이면
우물우물 씹어 삼켜도
피멍 자욱 엷어지는
순대국밥을 먹는다.

그리움 묻기

가슴 밑바닥에
아린 그리움 한 움큼
묻어놓았다.

생채기 날 때마다
어두운 그 곳으로
더듬어
자맥질해보지만

낙엽이 지고
시린 하늘이 제자리로 높아지면
바람이 일러주는 방향으로만
추억을 날갯짓하니

바람 많은 날 오후에
비가 내리면
밤늦도록 물질하며
묻어놓는다.

■ 시인 **서경식**

- 풍장
- 날아가네
- 부르고 싶었다
- 무어가
- 나정의 노래
- 몸부림
- 기쁘다 기쁘다
- 마당바위
- 수염을 깎으며
- 죽도록 미치도록
- 차마고도

1963년 강원 원주 출생
미래에셋생명 재직
시치미 동인
비탈 동인
e__mail : ksseo1963@gmail.com

▷ 프롤로그 :
비오는 날 파전이 그리운 것은
기름에 지글거리는 욕망이 타다닥 비가 보내는
주파수를 닮은 탓이다
훌 훌 털고 나는 당신에게 욕망의 모르스부
호를 보낸다
욕망에 벌겋게 취한 가슴에 비가 내린다

풍장(風葬)

서경식

해 뜨고 해지는 곳까지

사람이 죽는 것
시간이 죽는 거다
서러워 바람이 불고

펄럭이는 만장
떼구름에 휘날리고

떠다니는 바람길
오색 휘장으로 둘러싸여
불쑥 휘어 감기는 근심을 베고

까맣게 잊었다고
말할 수 있으리
정처 없는 나그네

구름속 지워질 꿈속
길 떠난 노을에 지지
너부러진 말라깽이 허제비
이슬에 묻어 지워버리는 것은

훌~훌 마음 털고.
돌아가면 오지 말아

바람에서 왔으니
바람으로 살면 되지

날아가네

날아가네.
묶인 구름에 거꾸로 선 하늘
꿈이 날아가네.
봄을 기다리는
잔설 가득한 산이 보이는 날에

서글픔
축 늘어진 떡줄에 매여
웅크리고 축 쳐진 어깨너머로
꿈이 동무되어 나네.

삭풍은 돌고 또 돌고
얼레질에 또 돌고 도는

씨줄 날줄 꼬고 비틀어진 떡줄에 매여
꼬랑지는 내리고
다방구에 꾀난 술래 줄행랑치면……

송액(送厄)이
멀리 날아가네. 나도 날아가네.
삭풍이 돌고 도는 얼레에 숨어

날다 부딪혀
부딪다 찢어지고
찢어지다 치떨어
삭풍이 나뭇가지에 걸리고
가미 먹인 겨울이
문풍지 창살 아래에서 치떠네.

아이들 목청이 닳도록
물구나무선 봄 봄 봄의 노래소리
꿈이 되어 날아가네.
겨울도 연을 타고 바람으로
한참을 날리어 가네.

부르고 싶었다

'해후'가 생각이 났다
부르고 싶었다.

마이크가
투구를 쓰고

일-어-나- 일-어-나

흔들리고
나부러지고

물끄러미 바람을 마시고
포말로 엉켜버린 관능은
광기로 부서진다.

바람이 된
당신과의 이야기
살가워라

취한 반달은
느티나무 닮은 등짝에다

홍조 띤 젖무덤에 바람이 안기고

흔들고
나부러지고

부르고 싶었다.

일-어-나- 일-어-나

빗장 푼 바다에 숨어
따스한 자궁에 누워버린
불뚝 선 욕망이
바람같다고 했다.

무어가

무어가, 무어가
무어가
뭐가

대체 도무지 아무도

아주 아주 아주
가라지.

무어가, 무어가, 무어가
도대체 어이어
왜

어브브브브브브
얼레 얼레

아이고, 아이고
어이어, 어이어
오라지. 오라지.
우라질

거뭇거뭇
헐렁헐렁

어미가 죽고
에비도 죽고
세월에 살지

도대체 무어가
어이어

깍꿍 도리도리
어이
어디가

나정(蘿井)의 노래

땀이 젖은 가사에
조리대 사이로
토함을 너머 기림사 보이는

해 뜨는

끈적한 사랑 있다
천년의 주춧돌 있다
‥ ‥ ‥
무심함은 바람속으로

시간이 끝나는
먼지로 있다

산이 간다.
무심한 사람
무수한 나무
남기고

해가 뜨고
토함이 지고
산이 되어 간다.

몸부림

사 사 사 사…ㄱ
슬그머니 숨는
오호라
바람은
詩든 장미꽃 들고
샤갈의 심장에 줄지어 선 빠리의 천장에서
세느강이 노래하는 정렬

오오…오
휑하니
뻥 뚫린 허공
떨림을 더해

우우
바람이 겨울을 보내고

날아가는 사이
부르르
흠뻑 젖어
나뭇잎에 널려 몸부림치는 시구(詩句)

사 사 사 사…ㄱ
바람은 바람으로

기쁘다 기쁘다

아름답다
해가 뜨는 이유로

숨 찬 기러기의 허기진 아침은
지워지지 않고
구름 따라 파도에 잠긴 수평선은
찰라 라고
세월에 저문다

쩌억 쩍 눈 까뒤집고 부르는 바다의 목소리와
포말 위에 꽂피는 겨울 연무가
온돌방에 누워 벌리는 농간에
지친 밤은
상심한 별만 두고
장롱속 어둠을 포개어 새우잠을 자도

기쁘다 기쁘다

밀린 잠에도
햇발은
누워 한잔 술에 취한다

침침한 새벽
바람이 불면
호호 시린 가슴에
파도가 부서지고 포말에 부서지고
뿌연 연무사이로
그리워 소리쳐 부르면

수평선에 숨은 햇발은
벌겋게 취해
일그러진 가슴 사이로
슬그머니 뜬다

그래서 기쁘다
오늘 뜨는 해는 오늘 진다

마당바위

보드라워 보드라워라

설긁으면 머리 꼬랑지
탈이 나서 불붙으면
맞선자리 홍시가슴
동네색시 곤두설라

부드러운 골바람
슬그머니 마음처럼
돌고돌아
썩은 가슴팍만 에이어도

만년 망부석 아래
마당바위 서러움도
솜털 불쏘시개라

부드러운 감악산의 봉우리
참아 참아라,
달아! 달아! 서러운 맘
차서 기울면

비워버려
참다 못 한
허전함은
바람에 버려

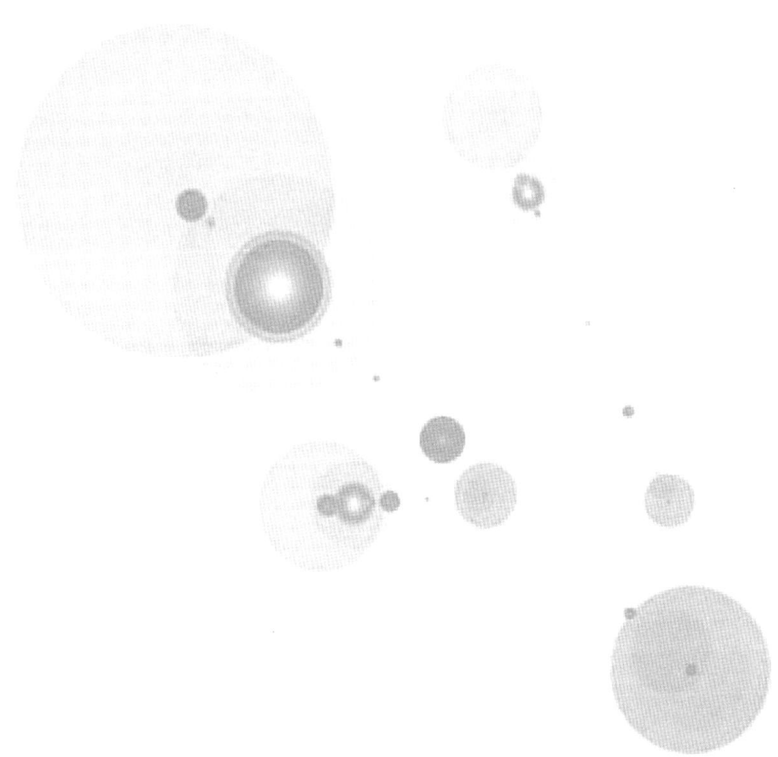

수염을 깎으며

누우~ㄴ
꺼플을 이기기 힘든 새벽을 누르고
시작

머릿속 거품을 닦고
한 가닥 수염의 뿌리끝까지
깨끗이 잘라내며

돌고도는 반복의 순환을
또아리 튼 굴곡을
생각한다

희비
노소
애증
……, …
즐긴다

슬픔의 거품을 묻히고
미래를 깎으며
상상의 온수에 거품을 닦아낸다

그리고
현실의 칫솔에 미련을 묻혀
힘차게 사실을 닦는다

오늘 나는
나를 지우며

죽도록 미치도록
(바이올린 연주곡을 들으며)

미치도록
미쳐버리도록

현을 켜고
소리가 날고
꿈이 죽고 춤을 추고

목이 메어
미쳐버리겠다

내 마음이
으깨어지도록
줄을 타는 인생

찢어지는 정열
아! 기나긴
잠 못 이루는 운명

미치도록
미쳐버리도록

찢어지고
날리고
흐~늘어져
죽도록

차마고도

아시아가 사는 날까지
좡족(壯族)의 춤에 히죽거리면서
천 년 차나무의 푸얼차(普珥茶)로 여독을 풀자
금과공차(金瓜貢茶) 한 잔 하려면 누가 줄까나
나그네에겐 그림의 떡일 뿐
사는 건 탐욕의 노래라 하네
끊임없이 부르는 반복의 시간
먹고 자고 노래 부르고 주어진 만큼만 살리라
마방이 그리움을 가져오고 차를 보내고 소금을 주는
티벳이 시작되는 윈난성(雲南省) 호도협 지나
다엔마을을 지나서 마방들이 비방으로 말 안장에
꿉쳐 놓고 가는 차마고도
가무(歌舞)따라 가는 길도
아름다워라 살갑구 아름다워
구름도 걸쳐 누워 쉬는 쉼터에서
세월차 한 잔 하자구나

■ 시인 **우명숙**

- 바보 떨빵이
- 겨울 그리움
- 불면의 소야곡
- 사부곡
- 삼복더위
- 석양
- 醉中構想-7
- 터
- 서리꽃
- 파스텔 그림 앞에서

1962년 양평 출생
밀레니엄 우수작품상 수상
제21회 허난설헌 우수상 수상
현대문학사조 홍보분과위원장
문예사랑 동인
비탈 동인
e_mail : luceverde@hanmail.net

▷ 프롤로그 :
바람처럼 스쳐지나간
너의 상흔들이
애타게 가슴앓이 하여도
들꽃같은 천진함
이슬처럼 해맑은 너의 웃음을
내 안에 가둔다.

바보 떨빵이

우명숙

더위에
축쳐진 호박순처럼
마음은 온통 널브러지고
뾰족이 내미는 고개는
쉼 없는 저울질에 가슴을
한 움큼 도려내고 있다

내 몸에 붙어 있는 살을
뚝 떼어 송곳으로 찌르며
두꺼운 얼음을 열어젖히는
냉소는 나의 가슴을
뜨거움으로 범벅을 만들고 있다

태고적 신비의
때 묻지 않은 정갈한 마음으로
하늘을 빗대어 속임 없는 순순함으로
타인의 거침없는 항해에 아랑곳하지 않고
세파에 찌들어도 쉬이 안을 수 있게
사랑했었다

집착, 사랑, 속박, 표현이런가
반복 속에서 사랑이었다고
어두운 토굴보다
마음의 아픔보다
신나는 들판이
귀속, 복종보다
파도치는 바다가 더 어울린다고
그렇게 그렇게
붉은빛 감싸안고 웃음 지으며
한결 밝아짐을 맞이하고
어렵사리 여물어 갈 것 같다.

겨울 그리움

뿌연 입김이 걸음을 재촉하고
발아래 떨어뜨린 시선은
머물 곳 몰라 애처롭다

시샘하는 삭풍(朔風)은
가냘픈 허리 잘라내고
먼산 중턱의 백발머리 날린다

시퍼레진 손등에 얼굴 묻어 보지만
낯선 키스에 붉어지기만 하고
하늘빛이 그리워 그리워서.

불면의 소야곡(消夜曲)

조금 있으면 새벽이 열린다

오랜만에 찾아보는 나의 자리라서 그런지
쉬이 눈까풀이 닫히지 않는다
젖가슴은 앙탈을 부리고 있지만
쉼없는 가을의 문턱은 너그럽지 못하는지
제법 바람이 낮게 깔리어 창문 틈새로
방안을 두루두루 거치고 있다

줄기차게 스며든 아픔을 뜬눈으로 지새운
육신의 욕망은 퀴퀴한 번식을 일삼아
타인들의 환희로만 여겨지던
타오르는 지난밤 아무렇지 않게
잠잠해지고 마음은 어느새
새날을 기다리고 있다.

사부곡(思父曲)

벽 한 곳에
덩그러니 흑백사진 한 장

서늘한 웃풍
방안 가득찬 열기마저
당신을 흔들지 못하고

바라보는 애처로움
어루만지는 안쓰러움도
그저 바라만 볼 뿐
질긴 인연으로 엮인
당신이 그립습니다.

산해진미 뒤로 한 채
거친 밥 달게 삼키시고
비단옷 마다시고
무명옷 따습게 입으시던
당신.

손가락에 묶어둔 선물과
온기없이 바라보는 사진 한 장,

이것이
내게 남은 전부지만

마음 가득
행복이 차오르는 날
나 다시
그 품에 안기고 싶습니다.

삼복더위

후덥지근한 날씨다.

아침에 두어 바가지 물을 먹었는데도
호박잎과 넝쿨은 더위를 이기지 못하고 허우적거리며
버림받은 난초더미에 기대고 누워버렸다

푸른 친구들의 속삭임에 영근 모습 보여야 했었지만

한적한 끄트머리 문명이 빚어낸 인공의 터전에서
내쉬는 숨은 애처롭기만하다.

발갛게 달아오른 갈색항아리 위에서
발을 동동 구르면서도 호박순은
새끼손가락만 한 분신을 조심스레 감싼 채
애처로운 기도만 연방 올리고 있다
그리하면 비도 오리라

그늘도 오리라
별도 총총히 찾아 오리라던 믿음을 무시한 채
태양은 무섭도록 지글거리고
지쳐버린 나도 호박순이 된다.

석 양

가슴 속에 담은
그리움 하나
보고싶다, 보고싶다
바람결에 띄워도

노을 속에 잠들지 못하는
네 이름은
붉은 강물 위에
은빛 그리움으로 너울거린다.

醉中構想-7

선택된 자의 행복은 점차 멀어지고
아주 가끔 다가올 작은 행복만으로도
즐거이 노래 부르자

피곤함에 지치고
먼 여정에 힘들어하지만
외치는 함성이 없었다면
아주 수월하게 갔으리라

한 점 미련 없이
당당하게 걸어 나가거라

맘속에 넣어둔 모든 잡다한 것들
하나도 남김없이
훌훌 털어버려라

햇볕 쨍쨍 내리쬔 날
빨랫줄 너머로 자욱함이 일거든 흔적이라도 찾아주소서

설익은 감나무에
울어대는 딱따구리 보거든
모습이라도 그려주소서

호젓이 왔다가 또 호젓이 갔다가
그렇게 모두
왔다가 쉬이 가더이다.

터

바람불고
비가 내린다

손등에 묻은 흙이 흘러내리며
털어내기엔 벅찼던 먼지가
하나씩, 하나씩
씻겨져 내리고

말간 손이 되려하면
소리없는 움직임이
한없는 아쉬움에
터를 잡는다.

서리꽃

달빛 차가운 숨결마저
떠나고
세찬 바람과 함께
꽃 피우니
밀려오는 그리움은
검은 눈썹 하얗게
덧칠하고 깊어지는 마음
하얀꽃으로 피더이다.

파스텔 그림 앞에서

고요한 아침
파스텔 흩뿌려진
환상의 향연

스멀스멀
안개 피어오르고
섬세한 손놀림 따라
하얀 백지 가득
설렘의 나래 펼쳐지고

골마다 고인 안개는
아침을 조금씩 아듬는데
활짝 핀 미소
한껏 머금은 마음
은은한 향기 따라
스르르
추억 속으로 젖어든다.

■ 시인 이문성

- 은사시나무
- 저문 날의 삽화
- 나를 돌아 보다
- 배
- 강
- 삼월

1962년 강원 양구 출생
비탈 동인
e__mail : varam38@hanmail.net

▷ 프롤로그 :
이 술 한잔 드시게 길을 묻기엔 내가 너무
취했네

은사시나무

이문성

심연의 슬픔을
거칠게 흔들어 놓는 것처럼
바람이 불고
저물 무렵
오래도록 은사시나무아래 서 있었어

흐르던 바람이
낯선 강물을 만나는 말을 하고
은사시나무아래 앉아
강물이 토해내는 노래를 들었지

바람이 많이 차가워지고
별을 씻어내는 하늘이 날 일으켜 세웠어
어슴프레한 길 한 켠 한 켠
걸음은 옮겨지는데
은사시나무는 푸른 바람에 물들고 있었지

저문 날의 삽화

강으로 나가긴 늦은 시간
오래도록 가슴에 담긴
아주 낡은 기억들을
주춤거리며 꺼내기가 힘들다

헤어지지 않을 사랑

꽃이 피고 지는 날마다
꺼내 보일 순 없어도
그리움이 다한 것은 아니지

헤어지지 않을 사랑

기나긴 여정에
언제든 불쑥 튀어 나오는
그리움 한 조각
헤어지지 않을 사랑
그런 사람 가슴에 두고 산다는 거
가슴 한 켠 아리다고 외로운 건 아니야

나를 돌아 보다

날 선 마음 갖지마라
내가 더 깊이 베임을
너는 아느냐

배

오래도록 강을 건너지 않는 배가 있었다
떠나갔으면 좋겠네만
흐름이 없는 강에서
닻을 내린 채
나는 불구의 몸이라
노를 저을 수가 없는데
적당한 양의 바람이 불어
떠나갔으면 좋겠네만

아무 표정도 없이
물살은 재촉해 흐르고
가슴 아픔으로
가슴 아픔으로
이대로 통곡하다 돌아갈 수 없어

매일 만나는 낯선 사람들아
불구된 몸으로
떠나야지
울면서 돌아갈 수는 없구나
강이 얼기 전
불구된 몸으로 내가 떠나면
강이 터지도록 춤추며 웃거라

강

늦밤토록 산을 깨워놓던
접동이 강에 빠져 죽었다
조각난 시름을 쳐다보며
채 부서지지 않은 가슴을 안고
울다 돌아간
기억해야 될 강에서 시작되던 새벽

배가 고파도 시를 쓰고
멀리 강을 바라다 보며
강물보다 큰 웃음소리로
떠나라
떠나라고 손짓하는 사람들,
낯익은 너희들아
바람의 상처자국으로
고독한 삶의 발자국이 묻히면
어데서 나는 울고 있으란 말이냐

나 떠나는 길목에
손에 손에 꽃을 들고
기쁨의 노랠부르며
웃어라 웃어라
강물이 넘치도록 크게 웃어라

돛대의 깃폭은 찢겨도 좋으리
삿대는 부러졌어도
자 웃어라
강물이 넘치도록 웃어라
그 넘친 물 위로 내가
다시 강물이 넘치도록 웃으며 떠나련다

삼 월

너는 가고
바람은 불지 않았다
깊은 수심에 묻혀
잠들지 못하는 착한 얼굴들
파도는 지들끼리 부딪히며 사라지고
남은 생을 다 울어도
울음이 모자란 사람들
눈뜬 장님들처럼
누구 하나 이거라 말 못하는
내가 죄인인적이 오늘뿐이랴
바닷바람에 술을 붓기도 전
바다는 취해 있는데
넘실대는 파도는 꺼억 꺼억
슬픔을 버리며 우는데
취한 바다는 사나운 꿈을 꾼다
꽃잎이 지듯
쉬 잊힐지라도
너는 푸른 바람으로 살아라

■ 시인 임영만

- 곱사춤
- 앞사발이
- 목신의 오후
- 검은머리쑥새
- 점박이귤빛부전나비
- 석모도
- 봄, 봄봄이로세
- 산에 사는 산새야
- 할미꽃
- 칡간부치

1963년 강원 주문진 출생
(주)서해종합건설 재직
비탈 동인
벼리시 동인
한국문학예술상
중원문학상
의정부 작가회의
시인학교[글쟁이들의 사랑방] 운영자
e__mail : ymim2000@hanmail.net

▷ 프롤로그 :
그녀는 시다
그녀는 굴하나 파놓고
그 속에 들어가
왕처럼 나를 다스린다.

곱사춤

임영만

남사당패가 살았다는
사당동에 춤판이 벌어지렷다.

하늘이 털썩
땅이 툭 불거지고
두들기니 장구요
비워지니 술병이로다.
썩을 놈이로고

눈 빠지고
귀 떨어지고
한 판 놀아볼거나
멍석자리 깔고 어허 둥실
엎어지고
자빠지고

온통 미쳐 날뛰는 세상
날뛰어 볼거나
얼쑤 곱사등이 서럽게 돌아간다.

돌고 돌아
중모리 장단으로 울어 볼거나
끼룩 끼룩 물새처럼 울어 볼거나
한 천년쯤 울어 볼거나.

앞사발이

도시의 슬픔을 닮았다는 앞사발이
강변북로 켠으로 추방되었다.

짐 부리는 비천한 죄
이러한 추방이 통렬한가 도시여

구황(救荒)의 세월
비의 푸른채찍을 맞으며

아무의 친구도 아니며
연인도 아니었다
누군들 살아가며 외로움 한자락 없으랴
단지, 견디어 낼 뿐이지

오죽하면 풍찬노숙(風餐露宿)
물소리에 넋을 맡기고
눈물조차 씻어내지 않겠는가

종횡무진 질풍가속 본능을 잊지 않으마
東이 밝으면 눈알을 부라리고
부릉부릉 세상에 일갈하겠다
도처를 향한 나의 귀환을 기다리지 마.

목신(目辛)의 오후

휴일
눈 좀 붙일 요량인데

오징어꼴두기명태갈치대구정어리
꽁치고등어숭어송어목탁가오리
홍어밴댕이멍개해삼농어전어노가리
넙치가자미개불

온갖 게잡놈들이
트럭 타고 몰려와
고래고래 소리를 지른다

저것들이
제집 놔두고
여기 와서 난리굿판을 벌이는지

오늘, 몇 놈 죽어 나갈 판이네.

검은머리쑥새

잔설 쌓인 미루나무 가지에
비듬을 터는 쑥새를 보니
내 등짝이 가렵다
손이 닿지 않는 그그 곳

필사적으로 긁으니
아아아 거기 거기
참 시원하다

쑥새 한 마리
손톱자국 두 줄 벌겋게 그으며 날아간다
그 고랑에 새똥만한 싹이 움튼다.

점박이귤빛부전나비

사거리에서 교통신호에 걸렸다
뒤란에 가고 싶다
내안에 꽈악 차 있는 숙명은 삐죽거리고
낭패로다
교차로 중간쯤 웅덩이 하나 팠으면 좋겠다.
바짝 달아오른 뇌관
아 아 아 건드리지 마
소리 없이 저 웅덩이에 스며들거나
수직으로 튀어 오르거나 둘 중에 하나
준비 땅
일단은 세상 밖으로 뛰어나가기다
참아내던 향연은 시작되었다.
부채를 양손에 바투쥐고 너울너울
점무늬 찍찍 박힌 귤빛나비 날아오른다.
환장할거 같은 나비야
풀어헤치니 날아갈 거 같지?

석모도(席毛島)

밤새도록 몰아치다가
새벽이 되어서야 달래기 시작하였다.
바다는 까무러치고
태양은 환호작약(歡呼雀躍) 떠오른다.

너를 맞으러 보문사 층계를 오르리라
거기에는 바다로 나가 돌아오지 않는 바람
그 푸른 이름이 봉헌(奉獻)되어있다
우리는 여기에서 바다를 깨닫고
일렁임을 배우고 그리움을 시주하여야 한다.

바다로 나간 갈매기들이
바람을 앞세워 돌아왔다.
잘 차려진 조반위에 단정이 차지하고 앉은
지난밤 우리가 나누던 온기(溫氣)
갈매기들이 달려들어 코옥 찍어먹는다.

아흐, 이 환장할 영토(領土)에
오늘은 어떤 색깔의 바람이 몰려와
가난한 사랑을 탕진(蕩盡)하게 할까?

봄, 봄봄이로세

봄, 봄봄이로세

진달래 되바라져 허락도 없이 이산 저산에 망울망울 섶을 풀어대고, 제방 아래 나물캐는 계집들 궁둥이는 들썩거리고, 저어기 써레질하는 사내 바짓가랑이 실밥은 터져 툭툭 불거지고, 할멈은 장독대에 올라 앉아 케케묵은 세월에 취해 게슴츠레 졸고 있고, 자유분방한 시냇물은 꼬맹이들 아우성에 졸졸졸 따라나서고, 곱게 분단장한 누이 같은 목련은 동네총각 희롱질에 뽀로통하게 피어선 배실배실 웃고, 내 똥 먹고 자라 나를 닮은 누렁이는 미친 듯 온 동네 뛰어 다니고, 지난여름 사연많던 보리밭에는 파란 바람이 살랑살랑 자라나고, 처박혀 노랗게 찌그러진 주전자 뚜껑을 열면 마누라 득달같은 잔소리 쏟아지고

어쩔 것이여
봄이 오는 것을.

산에 사는 산새야

산에 사는 산새야
산머루 취하도록 따먹고
시원스레 목청 돋워
내 여인을 위해 노랠 불러다오

난, 청청(淸淸)한 소나무 숲 아래서
갈산 송연묵(松煙墨) 곱게 갈아
네가 꿈꾸는 사랑에 대하여
그림을 그리겠다.

할미꽃

할미 산소 가는 길

덤불사이 빼꼼히 할미꽃 피었다
하얀 머릿결 단정하게 빗어 넘기고
애살스럽게 고개 숙여
나즉나즉 피어난
생전의 당신
꼭, 그 모습이었더이다.

산새야
제발 설레발 치지마라
우리 할미꽃 고개 꺾일라.

칙간부치

머무르는 곳이 아름다운 당신
사색을 타고 앉아
혼자여도 좋다.

사는 것은
외로 가는 길이기도 하고
줄줄이 내려놓는 외마디 비명이기도
이곳에는 눈물 말고
흘리지 말아야 할 것이
또 하나 있다
비움은 위대하고 의미는 고립되었다

그래도 어찌할 수 없는
강물과의 내통은 용서하겠다
부르르 온몸을 흔들어
육신이 빠져나가고
뼈마디도 영혼도 강물에 녹아들어
얼마나 황홀한가

우리가 헐벗는 것은
가난때문만은 아닐진저
지키려는 애절함도
취하려는 발버둥도 없나니
훌렁훌렁 거듭나는 것을

자네는 여기서 황홀하게 웃으며
미련 없이 엉덩이를 까고
강물과 소통하게나

난,
내가 본 것을
아무에게도 이야기 하지 않겠네.

■ 시인 **최정룡**

1964년 경기 퇴계원 출생
특수교사 18년(단국대 특수
교육과 졸업),
전문상담교사 3년(강남대 교육대학원 수료).
현 자유직
비탈 동인
녹색시전
e_mail : predux@hanmail.net

▷ 프롤로그 :
바람이 불거나
차가운 비나 어두운 눈이 내리면
손을 벌려
네 무게를 받으려네

부활

최정룡

다시 산다고?
다시 무얼 한다고?
다시 힘을 준다고?

그리 술 좋아 하던 친구는
한 달이 넘도록
한 잔을 마시지 않았다

그 기다림을 지나
사람들이 모인 탄탄한 사이로
바람이 바람으로 지난다

모르게 빛나는
닭의 알 둘.

이사

며칠을
버리고 버리고
남길 것
남을 것

작아지고 작아졌다가
사라지거나
잊혀지거나
아님,
혼자 남을 자릴
얻거나 구하여

간다.

너

한사코 무엇을 보이겠다고
아무리 떼를 쓰거나 앙탈을 하여도
무조건 이기기만 하는 넌
너무했다

아픔을?가라 앉히거나
잠시 벗어나도
그 자리에선
꼭, 피가 났다

그리 절절매는 길,
어쩌면 돌아간다며

널 보낸다.

오르기

1. 걸어 오르기.

확실한 방법이다.
고생한다.
힘이 든다.
사건사고와 아픔이 확실하다.

층층마다 애증들을
똑똑히 기억할 수 있다.

가끔,
목적지 전에 지쳐 주저앉을 수 있다.
대개 목적지는 사람을 기다려주지 않는다.

2. 승강기로 오르기.

오를 층수는 알아도 자주,
정확한 목적지는 모른다.
빠르다.
오작동이 잦다.
홀짝으로 운행할 경우 엉뚱한 곳에 내리기 쉽다.

틈 틈,
같이 동행하는 이들이 있기는 하나
대개 목적지가 다른 자기완 전혀 다른 남들이다.
간혹,
애들 장난처럼 온층의 버튼을 눌러 놓으면
더디기는 하나 여러 곳을 다닐 수 있다.

층층이 내려 확인할 여유가 없다.
종 종,
한참 멀리 간 후에 무엇이 어긋난 줄 알아차린
다.
지나치고서 놀라 서둘러 걸어 내려오지만,
늘 목적지는 사라져 있다.

3. 공사중 오르기.

대개의 승강기는 작업을 핑계로
속도가 빠르다.
효과성은 있고 안전성은 없다.
꼭 무엇을 목적으로 오른다.
초대한 이가 거의 없다.
이동 중 외로움은 필수다.

층층이 내려 확인할 수 없는 이유는 사고에 대한 상상이다.
보통,
엉뚱한 곳에 내려 위험을 직별하곤 한다.
이동구간에 안전장치 미설치로 자주 대형사고가 벌어진다.

모기의 꿈

피를 먹으며
부패 쓰린 하늘 점점이
투명날개로 날았지

취혈 그득한 포만
이기 더한 순리 순종한
아스라함이여

단단한 가려움 사무친
울혈 가득한
손톱이여

기회는 생존이라오
거무틔틔 호흡을 그리는
장구벌레여

새 날
날개를 단 흡혈의 날이 오면

꼬이듯 꼬여 어름어름
세월을 더부살이 할지니.

자리

보이지 않아도
있고
있지 않은 듯하여도
보이네

간혹 비 내린 후,
이어도는 나즈막한 자리
그리 길지 않은 호흡으로 다가서

늘 있는 거기.

넋

있던 말던
잠이 오지 않았다
통증과 땀이 범벅인 밤
꿈도 조용하였다

사라져가는 뒤
무얼 잡을지 몰라
베개에 머리를 두고
되도록 나즈막이 누웠다

어디로 가야하나?
사각형의 천정은 고요했으나
누르긴 마찬가지
더 기대어 서는데

갑자기 툭,
아침이 떨어졌다
창 틈으로
빛이 들어왔다.

철둑길

1
가는 길
선으로 이어져
돌아서지 않는 침묵으로
스산히
빠른 길

돌이 쌓여
침과 목으로 가로 진
거기

환히
선을 긋는 길

2
어둠을 헤치고 가는
길
닿지 않는 선과 거리
쉬어가는 그 곳
역은 쉬이 자리를 옮기지 않았다
아무도 잠들지 못하는 밤

누가
늘 돌아올 길을 떠난다.

3
보이지 않니?
문은 늘 뒤에서 닫혔지만
손은 늘 무얼 잡고 있었잖아
돌아서기 없기
돌아보기 없기
네가 돌아가는 거긴 늘
기다림이 줄을 서는
곳이야.

4
당신은 불이었어요
타드는 건 시간 문제였지요
그 옆에 서서 말라갈까요? 녹아갈까요?
멀기도 멀었던 그 길은 빛으로나 보였을지도 모릅니다
가로 세로나
십자형의 모습이었을지두요

어느 한 밤
빼곡히 자리잡던 기억과 시간들 사이로
당신은 슬며시 지나쳐 갔어요
아무런 소리도 없이요
그렇게 사라진 거리는 이제
물로 흥건히
젖어갑니다.

거기

본능의 어두운 숲을 지나
믿음을 두드리는 예배당을 만납니다
예정된 희망은 책갈피 사이로 삐져 나오고
감각의 텃밭에서 자란 순백의 무를
누이는 깎아 주었습니다
얼굴없이 웃으며
가난한 아름다움을 이야기 해 주던 누이
꿈은 콩나물처럼 자라고
아직것 무게없이 나를 받쳐주는
실줄기의 강이 있습니다
겨울은 자만껏 떠납니다
애당초 서럽기만 하던 봄이
오늘은 순순히 비로 주저앉습니다
돌아올 사람은 돌아옵니다
말라 비틀어진 절망 사이로
어리숙한 웃음이 솟습니다
보이지 않아도 눈을 감지 않습니다
정조의 손 끝에서 묻어난 파아란 먼지는
제자리로 가라 앉습니다
먼지는 사실 이름없는 꽃들의 씨앗입니다
기억을 채우던 눈물은 마르지 않고

이제 시간 옆에 누워 흐릅니다
사랑하게 될 겁니다
노래는 낮은 곳을 더듬다
제 음자리를 찾습니다
바람이 붑니다
아주 낮게 흘러갑니다.

간 밤

바람은 어둡게 불었다
비가 밤을 거슬러왔다
아무도 기웃거리지 않는 어항같은 빈 방
문은 꽉꽉 닫아두었다
바늘 같던 생각은 늪에 빠져
잠잠하였다
잘있거라 흩어진 날들아
밤이면 눈부비며 어른거리던 촛불들아
가지벌린 낡은 희망은 낙엽으로 바스러지고
사랑을 찾아 헤매던 나방은
사랑스런 독침을 주었다
찔끔거리는 한숨을 막으며 깨진 유리틈
창문을 열었다
흔들거리는 빗줄기에 기대어
파랗게 질린 아침이 오고
갑자기 하늘에서 툭!
세상이 떨어졌다
절름거리며 나는
세상에 나서 보았다
끝내 사람은 오지 않았다
별들이 천천히 솟아오르고

늪으로 돌아가는 길목
전구들처럼 빛을 발하는 별
딸랑거리며
손 흔들며
안개처럼 자욱히 고개를 들었다
사선을 그으며 오래도록
별똥별이 떨어져 왔다.

걷기

길을 갑니다.
길은 늘 제 뜻대로 험하거나 편하거나 합니다.

누구의 차에 실려 무임승차로 옮겨지기도 하지만,
길은 틈틈이 막히거나 험로로 자릴잡았습니다.

차에 실려 영화를 볼수도 있다고 합니다.
흔히들 노천극장이라 하나요?
하지만 고를 틈도 없이 험하기만 한 영화들이
사람들을 막무가내로 선택하기도 하였습니다.
눈물은 나오지 않았고 자주 울화가 통으로 자리잡곤하였습니다.

갈 곳은 늘 있었지만 걷고픈 맘은 늘 있진 않았습니다.
대신,
헐벗은 이들은 자꾸 옷을 입었습니다.

다시,
새 옷을 입고 길을 나섭니다.

어디로 갈까요?

이제,
너무 자주 속았으므로
길을 묻지 않습니다.

그렇게 길을 갑니다.
길은 늘 이어져 있었고,
걷는 데 드는 힘은 조금도 줄어들지 않았습니다.

비탈동인 5집 풍경

초판인쇄일 2010년 5월 25일
초판발행일 2010년 5월 31일

지은이 : 서경식 외 7인
펴낸이 : 양상구
펴낸곳 : 도서출판 **채운재**
등록 : 제302-2005-00008호
주소 : 서울 중구 충무로2가 49-8
전화 : 02) 704-3301
팩스 : 02)2268-3910
휴대전화 : 010-5466-3911
E-mail : ysg8527@naver,com

ISBN : 978-89-93829-14-3
정가 8,000원